두 개의 삶과
언어의 끝없을 향해

두 개의 삶과 언어의 끝없을 향해

초판 1쇄 인쇄	2024년 11월 15일
초판 1쇄 발행	2024년 11월 30일
신고번호	제313-2010-376호
등록번호	105-91-58839
지은이	올 비
발행처	보민출판사
발행인	김국환
기획	김선희
편집	조예슬
디자인	김민정
ISBN	979-11-6957-254-5 03810
주소	경기도 파주시 해올로 11, 우미린더퍼스트@ 상가 2동 109호
전화	070-8615-7449
사이트	www.bominbook.com

- 가격은 뒤표지에 있으며, 파본은 구입하신 서점에서 교환해드립니다.
- 이 책은 저작권법에 의하여 보호를 받는 저작물이므로 무단 전재와 복사를 금합니다.

언어의 끝없을 향해 두 개의 삶과

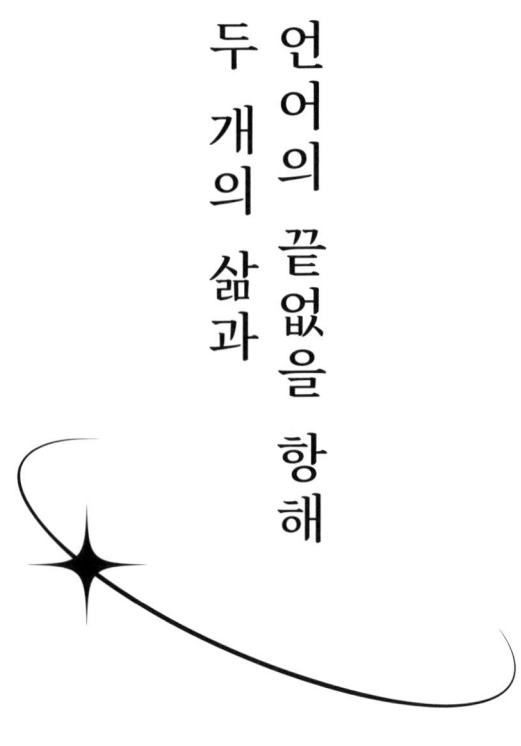

올 비 시집

어쩌면 사랑 한 번 제대로 한 적 없는 나는
창밖 날씨에도 설득이 안 돼서 마음이 요지부동이다

추천사

　본 시집은 성장하는 청춘의 삶에 대한 물음과 깊이 있는 사색을 담고 있다. 10대의 불안하고 막연한 자아 찾기, 그리고 그 과정에서 마주했던 의문들은 시인의 성장과 함께 깊어진 사유로 이어진다. 20대가 되어 발견한 답들은 일시적인 해답이 아닌, 삶에 대한 깊은 고뇌로 연결되며 두 개의 언어로 펼쳐진 시들의 여정은 마치 서로 다른 두 갈래의 길이 결국 하나로 이어지듯, 서로를 비추고 있다. 삶은 다른 각도로 바라보면 마치 새로운 세상처럼 느껴지지만, 결국 본질적으로는 하나의 연속된 흐름임을 보여주고 있다. 미래에 대한 불안, 자신이 맞이할 또 다른 세계의 불확실성 속에서 던진 질문들은 단지 청소년기의 일시적인 고뇌가 아닌, 사람이라면 누구나 삶에서 한 번쯤 마주하는 본질적인 물음이다.

시집의 구성은 작가가 10대 시절 품었던 근원적인 고민들, 20대 외국 생활에서 오는 단절되고 고립되어 가는 자신을 제목 없는 시로 표현한 삶의 단편들, 그리고 섬으로 표현된 유학 생활을 마치고 돌아가는 길에 남긴 산문들로 나누어져 있다. 10대와 20대라는 두 개의 세상 속에서 느낀 자신과 삶에 대한 시선을 솔직하게 담아낸다. 이 시집의 한 축은 낯선 외국 생활에서 맞이한 또 다른 세상과 그로 인해 느끼는 이질감이다. 작가는 타지에서 접한 문화적 차이와 사람들 사이의 거리감을 통해 자신을 돌아보고, 타인과의 관계를 새롭게 정의한다.

17살에 쓴 '철문'이라는 시는 인생의 끝이 어디인지 알 수 없는 막막함을 표현하며, 29살이 되어 유학을 마친 후 그 '철문'을 다시 바라보는 시선에는 조금 더 성숙하고 차분한 자기 성찰이 담겨 있다. 사람들은 누구나 나와 다른 세계에 고립된 듯한 감정을 느낄 수 있지만, 작가는 그 격차를 넘기 위해 용기 내어 각자의 세상이자 삶인 '철문'을 열어보려 한다. 이 '철문'은 단순히 막혀 있는 벽이 아닌, 그 문 너머에 감추어진 새로운 가능성, 우리가 만나지 못한 세상, 그리고 그 속에 담긴 관계의 깊이를 상징한다.

작가는 이 시집을 읽는 사람들이 자신의 '철문' 그 문 너

머의 관계와 세상을 마주하며 자신의 삶을 다시 돌아볼 수 있기를 바라고 있다. 단순한 청춘의 기록이 아닌, 누구나 고민하고 괴로워했던 삶의 고립과 연결에 대한 깊은 질문을 통해, 인생이라는 길에서 자신과 타인을 바라보는 방식을 새롭게 깨닫게 하는 작품이다.

2024년 11월
편집위원 **김선희**

프롤로그

    이 작품에는 크게 세 가지 목차가 있습니다. 한국에서 고등학교 2학년을 보내던 학생의 고민이 담긴 시와 29살이 되어서 다시 쓰게 된 제목 없는 시들, 그리고 마지막으로 외국 유학 생활을 마무리하며 돌아가는 길에 적은 산문입니다. 작가는 독특한 이력을 가진 사람입니다. 그럼에도 불구하고 대한민국, 전 세계 어디든 누구든 할 법한 고민을 십 대 마지막과 이십 대 마지막에 정리하여 공감하고자 하였습니다. 그 안에는 사랑 이야기도, 진로에 대한 고민도 녹아 있습니다. 시작은 크게 두 개의 삶으로 나누려 하였으나, 글을 정리하며 세상 모든 것들은 어쩌면 둘로 나눌 수 없다고 결론짓게 되는 그러한 작품입니다.

    17살의 어린 소녀는 '철문'이라는 시를 통해 미래에 대한 막막함을 표현하고자 하였습니다. 철문을 바라보며 끝이 어디까지일 것인가 고민하는 시는 29살 유학을 마무리하는 여성의 마지막과 많이 닮아 있습니다.

내용은 여성의 삶과 남성의 삶의 차이에 대해서도 조금씩 묘사합니다. 어린 소녀는 이해하고 사랑을 하기 위해 노력하지만 결론을 내리지 못하였습니다. 29살의 작가는 결론보다는 과정을 정의합니다. 누구나 다른 사랑을 하기 때문에, 또 사랑의 결과는 아직도 어렵기 때문에 설명할 수 없는 어떠한 이유들로 과정을 정의하기로 합니다.

글은 독자가 정의하기 나름입니다. 그래서 작가는 20대 끝에 날카로운 말들을 적은 시에 제목을 달지 않기로 하였습니다. 가볍게 읽어주시고 신랄하게 비판해주시길 바라는 마음으로 과감히 제목을 배제합니다. 글자보다는 영상이 익숙한 세상입니다. 부디 가볍게 읽어주시고 날카롭게 비판해주세요. 비록 10대 후반과 20대 후반의 글이라고 명시되어 있지만, 그것은 작가의 경험일 뿐 독자 여러분들의 나이와 배경은 이 글을 다채롭게 해석시킬 수 있으리라 믿습니다.

작가의 독특한 이력 덕분에 영어가 포함된 글이 있습니다. 영어는 또 다른 한글일 뿐 부담 갖지 않으셨으면 좋겠다는 작가의 당부입니다. 세상에는 너무나 다양한 언어가 있습니다. 한글은 그중에 하나입니다. 그중에 또 다른 하나를 배우는 것에 부담을 갖지 않고 부지런히 배우셨으면 좋겠습니다. 글을 쓰는 작가 자신도 아직도 한글을 깨치는 중입니다. 여러분들이 언젠가 저보다 앞서 저와 세상에게 좋은 글을 돌려줄 수 있기를 마음속 깊이 염원합니다.

독자 여러분들처럼 세상 모든 사람들은 다른 시각으로 글자를 해석할 수 있습니다. 그것은 인간에게 '기쁨'으로 다가온다고 작가는 믿고, AI가 앞서가는 시대에 인간이 그러한 기쁨을 누릴 수 있다는 것에 감사하며 저의 오랜 고민을 공유합니다.

목차를 정리하며, 10대인 저에게 많이 놀란 작가였습니다. 어른들은 모르는 성숙한 10대 독자 여러분들은 저의 글을 읽으며 복잡한 생각과 가슴 아픈 불안하고 착잡한 마음을 몰래 털어놓아 주셨으면 좋겠습니다. 공감을 하셔도, 비판을 하셔도 너무나 멋진 청소년 여러분들 옆에 제가 끼어들 수 있음에 감사합니다. 오늘의 비판은 내일의 대한민국에도 전 세계에도 큰 밑거름이 될 것이라고 이제 막 성숙해져 가는 언니이자 누나 또 인생 선배가 굳

게 믿고 있습니다. 다만, 비판은 비판으로 칭찬과 감탄은 그 자체로 받아들이며, 내일의 아침에는 기분 좋은 성숙한 어른이 되길 기대해봅니다.

작가는 미국과 영국에서 그리고 마지막으로 섬에서 메디컬 스쿨을 다닌 경험이 있습니다. 그렇지만 글에는 대한민국에 대한 글과 경제와 과학의 발전에 관한 글이 많이 보입니다. 10대 여러분들 전공이 다르다고 해서 세상에 무시할 수 있는 것은 없습니다. 수학도, 문학도, 영어도 다 필요한 시대라는 것을 전쟁을 통해 배우지 마세요. 전쟁은 늘상 있는 것입니다. 하지만 마음속에 늘상 있는 것이 가슴을 아프게 한다는 것을 사춘기 여러분들은 이미 가족들과 함께 겪어 알아가고 있겠죠? 제일 가까운 사람이 때로는 가장 아프게 합니다. 전쟁도 가장 밀접하게 붙어 있는 나라에서 나고 있습니다. 서로 아프게 하지 않기 위해서 수학도, 문학도, 영어도 그 어느 것도 포기하지 마세요.

작가가 10대 때에는 20살이 되면 온 세상이 변할 줄 알았습니다. 세상은 정말 변합니다. 그렇지만 기대한 대로 변하지는 않습니다. 어른들도 아이들도 노력해서 변화합니다. 그래서 이 작품을 통해 공감하셨으면 좋겠습니다.

이렇게 10년 전 작가의 어릴 때도, 지금도 서로를 공감할 수 있습니다. 힘들었을 때 고등학생 때 쓴 시를 보며 위안을 얻었습니다. 이 작품을 읽고 자신만의 글을 쓰는 것을 두려워하지 마세요! 자신이 남긴 기록은 꼭 읽는 사람만을 위한 것은 아닙니다. 쓰는 사람을 위한 것이기도 합니다. 어머니, 아버지와 함께 고민하고, 이해는 늘려가고, 고민은 줄여보세요. 그것이 작가의 작품 소개 이유이자 최선의 당부입니다.

20대에는 다양한 사람을 만나게 됩니다. 학교에 가서도, 일터에 가서도, 혼자서 여행을 가거나 친구와 술 한 잔 기울이더라도 찾아오는 기회입니다. 여러분들 AI 시대에 살면서 AI가 배울 동안 인간으로서의 배움을 멀리하지 않으셨으면 좋겠습니다. 인간은 모든 것을 다 기억하지 못합니다. 그렇기 때문에 여러 명이 하나가 되어서 민주적으로 의견을 모으는 것입니다. 오늘날의 민주주의는 그러한 것이라고 작가는 고민하였습니다. 제목 없는 시들 중 '타잔과 제인'에 관한 시를 떠올리시면 저의 뜻이 더 잘 전달될 것입니다.

글에는 언어유희가 많이 보입니다. 우리들의 언어유희가 아재개그라는 것을 아실까요? 오늘날의 10대, 20대들의 언어유희에 대해서 궁금합니다. 작가는 아재개그라는 그 단어도 청년들의 언어유희라고 배우게 되었습니다. 글자가 재미있지 않나요? 청소년들도 청년들도 그 즐거움을 마음속 깊이 간직하고 있다고 생각하니 미소가 지어집니다.

작가의 제목 없는 시들은 마치 소외된 어른 같습니다. 소외된 사람은 어디에나 있습니다. 빈부의 격차, 학업의 기회, 다양한 인종 그 어디에서도 소외된 어른을 찾아볼 수 있습니다. 작가는 소외되지 않은 사람일지도 모릅니다. 하지만 '소외'라는 것은 '누구'인 것인가가 아니라 상황에 따라 달려 있는 것입니다. 부유한 사람도, 부족한 사람도 누구에게나 있는 일입니다. 나의 인종이 백인이고, 누구의 인종이 황인이라고 해서 일어나는 일이 아닐지도 모릅니다. 상황을 헤쳐 나갈 수 있다면 소외된 사람도 더불어 일부가 될 수 있다고 믿으며 글을 작성했습니다. 혼자서는 헤쳐 나갈 수 없었습니다. 작가에게는 도움의 손길이 있었습니다. 우리가 소외되지 않을 때에는 도움의 손길을 뻗어봅시다. 작은 친절이 언젠가 나에게 돌아오지 않을까요? 그래서 작가는 소외된 어른으로서의 작품을 남기었습니다. 작게 마음으로 공감해주시고 얼른 또다시 주변의 곁으로 다가가세요.

성소수자라는 말에 대해 어떻게 생각하세요? 작가는 LGBTQ에 대한 시를 작품에 남겨 두었습니다. 작가는 이성애자이면서 성소수자입니다. 무슨 뜻일까요? 더 이상 성을 취향으로 나누는 것이 소수의 일이 아닌지도 모를 일입니다. 악수를 할 때에도, 포옹을 할 때도 작가는 수도 없이 고민하였습니다. 나의 포옹이 상대에게 어떤 의미일지 고민해보며 취향에 대해 이야기해보고 싶었습니다. 성소수자의 취향이 아니라 친구와 가족의 취향을 존중해보는 일이라면 어떻게 생각이 달라질까요? 작가는 독자 여러분들의 생각이 알고 싶어서 마음을 졸입니다. 사랑에 속앓이하던 17살 소녀는 이성애자이면서도 사랑을 고백하지 못했습니다. 내가 동성애자라면 사랑을 고백할 수 있을지 다시 한번 생각해보는 계기였습니다.

작품의 제목 없는 시들에서는 공허함도 때로는 느껴집니다. 독자들은 공감할 수 있나요? 솔직한 말씀을 드리자면, 없습니다. 작가가 생각하는 공허함은 공감할 수 없는 온전한 자기만의 감정입니다. 작가의 상황이 아닌 독자의 상황을 상상하며 공감해주세요. 작가의 입장이 되어 공허함을 느끼는 것보다 독자의 처한 상황을 생각하며 쓸쓸한 공허함을 받아들여 주세요. 20대 전체 유학 생활을 하며 공허함에 대해 배운 작가는 비슷한 환경의 사람을 찾아도 보고, 다른 환경 속에 처한 사람을 쫓아다녀도 보았습니다. 글을 남기며 내린 결론은 공허함은 이렇게 또 다른 공허함을 낳습니다. 감정을 지우지 말고 온전히 느껴보세요. 책을 읽을 수도 있고, 노래를 감상할 수도 있습니다. 누군가는 운동을 하기도 하고, 친구들과 술 한 잔 기울이기도 했을 것입니다. 독자 여러분들이 그것을 공감하길 바라는 마음으로 공허한 글들을 공유합니다.

　마지막 섬에서의 작별 인사가 담긴 29살의 산문은 10대에 적었던 '철문'이라는 시에 연결되는 글입니다. 제목 없는 시들을 먼저 읽으셨다면 그것으로도 연결이 됩니다. 어려서는 철문의 손잡이를 찾아 걷고 또 걷습니다. 손잡이가 없으면 어쩌지? 지나친 것이면 어쩌지? 이거 문 맞아? 벽이 아닐까? 29살에는 창문을 고민합니다. 나의 두터운 문에 몇 개의 창문을 달 수 있을까? 시간을 두고 기다리면 나의 창문의 개수가 너의 창문의 개수보다 많을 수 있다고 난 믿어. 불안과 불안은 연결이 되어있지만 20대에는 자신만의 다른 모양새의 고집이 있습니다. 자신이 자신을 잘 이해하고 있다는 믿음이 있습니다. 그것이 고집으로 자리합니다. 좋고 싫음이 더 분명해지고, 조리 있게 전달할 방법을 찾아갑니다. 선배에게 배우고, 후배에게 가르치는 모양새도 생깁니다. 중요한 것은 둥글어지는 것입니다. 나의 고집이 나를 뾰족하게 하지 않고 둥글어질 수 있는 방법을 찾는 것이 우리들의 숙제일 것 같습니다. 이 작품의 작가도 아직 부족한 사람입니다. 둥글어지는 방법을 찾기 위해 가장 날카로운 말들로 제목 없는 시들을 낳았습니다. 같이 걸어봐 주시고 찾아주세요. 알맞은 창문을 건설할 수 있는 방법을 찾아봅시다.

 마음속의 하트를 잘 간직해주세요. 저 또한 실수 많은 인간이라 부족한 글들임에도 공유하고 공감하고자 하였습니다. 누구든 작가가 될 수 있고, 독자가 될 수 있도록, 그래서 인간이 영원히 위대할 수 있도록 작가도 작가의 위치에서 최선을 다하겠습니다. 독자 여러분들 언젠가 그 끝에서 마주합시다. 읽어주셔서 감사합니다.

목차

추천사 • 4

프롤로그 • 7

제1부
고등학교 2학년 마음속 피어나는 폭풍과 불안의 씨앗을 회상하며 • 19

혹시 우리 모두 가을 타는 게 아닐까 • 20

뒷짐 • 21

그 사랑 • 22

삶 • 23

목소리 • 25

거짓말 때문이 아니라 미안해 • 26

철문 • 28

무지개 • 31

나비효과 • 32

빙고 • 34

수학 • 35

마법 • 36

돌고래 • 37

강하게 여민 밧줄 • 40

비 오는 날의 그 꽃 • 42

잊을 수 없는 것 (1) • 44

잊을 수 없는 것 (2) • 46

푸른 숨 • 48

벽을 망치로 • 50

상처가 아닌 상처 • 52

나를 미치게 할 때 • 54

여든까지 가는 버릇 • 56

돌이키는 법 • 58

친구에게 • 61

나에게 • 63

나의 다짐 • 65

아리송 • 67

나룻배가 나오는 시 • 68

여보게나 • 69

1도 아니고 2도 아니고 1/2 • 70

아니 도대체 누가 • 72

매쓰 • 74

둥글고 모나서 • 75

당연한 것처럼 • 76

제2부

29살 메디컬 스쿨을 다니며
세상을 향해 적은 제목 없는 시 • 77

제3부

2024년 8월 13일 화요일 유학 온 섬에서
고향 대한민국으로 돌아가는 전날 밤의 산문 • 143

작가소개 • 171
작가의 세 가지 당부! • 175

제1부

고등학교 2학년 마음속 피어나는 폭풍과 불안의 씨앗을 회상하며

너가 자주 덧내는 바람에 상처 위에 또 상처가 생기고
그 상처 위에 상처가 자꾸 생겨서 치료가 안 돼

혹시 우리 모두 가을 타는 게 아닐까

겨울이 다가오는 시기

아직 겨울은 아니지만
여름은 이미 아닌 게 되어버린

들뜬 마음과
방황하는 마음 사이에서

내 마음 길을 잡질 못하고
왔던 길만 되돌아갑니다

길을 가다 보면
겨울에 도착할 수 있을 것 같아

그저 걷다가

혹시 내가 찾지 못할까
겨울이 먼저 다가오는

그런 가을 길을 걷는 우리들

뒷짐

뒷짐을 지던 그 모습이
아득거린다

문득 나도
뒷짐을 지어본다

그 사랑

눈이 깊게 파이는 날
흰 눈 속의
푸르고 빨간
사랑이 남모르게 익어 갈 때

흰 꽃들의 여왕이
계절의 마차에 몸을 다 실어서야
제 것이 사랑인 줄 깨달음을

자국을 남기던
또 다른 사랑이 알았다

여왕님 치마폭에 한 점의 따뜻함을 남긴
그 사랑을

삶

노력하면 다 된다는
그 말 하나만 믿고
'삶'을 씁니다

둘도 아니요
셋도 아니요
그 말 '하나'입니다

공교롭지만
글자도 하나

그 하나 안에
들어갈 수 있는
자음 모음
꽉꽉 채워서

노력하면
노력 하나면 다 된다는
바로 그 말

한 글자 믿고

몇 줄이나

써 내려갑니다

목소리

손가락이 욱신거린다
들지 못하는 손이
그 뻣뻣한 손이
쑤시고 아프다

손만 들면
목소리와 함께면
부를 수 있다

저 멀리서도
바로 코 앞에서도

그러나
들지 않았다
들 수 없었다

그저
등 뒤로 감춰버렸다

거짓말 때문이 아니라 미안해

나는 오늘 또
거짓말을 했어

큐브를 맞췄거든

또 거짓말을 했어

큐브를 흐트러뜨릴 때

미안해
또 거짓말을 했어

큐브를 내려놓고

사실은
미안하지 않아

그 큐브가, 그 거짓말이
나를 지켜줄 수 있는

'유일함'이었으니까

그래서 미안해

철문

눈앞에
굳건한 철문

바람소리 하나
숨소리 하나
비집고 들어오지 못할
철문 하나,

하나지만
하나일 뿐이지만
그것이 너무나도 넓어
위로도 옆으로도
끝도 없이
차갑고 시린
그 철문을 따라
걷고 걷다가

손잡이가 잡힐 때를
기다리며

크기를 가늠할 수 없는
그 철문이

내가 닿는 곳에
손잡이를 두었을까
걱정하며

혹여 이미 지나치지 않았을까
괜한 후회를 하다가

끝도 없는
끝이 나지 않을
끝을 꿈꾸지 못할
그런 철문일까봐

손잡이를 만나도
너무나 무겁고 커서
열지도 못할까봐

아니면 그 문이 혹시
문이 아니라
벽일지도 몰라서

열리는 것이 아니라

위만, 옆만 막힌 것이 아니라

아래로도 깊숙이 막혔을까봐

눈물을 흘려야 할지

좀 더

조금만 더 인내해야 할지 몰라서

무지개

눈 앞에 펼쳐진 색들이

흐릿해서인가
강렬해서인가
구분이 되지 않아
색을 하나하나 세다
결국 눈이 부셔
눈을 질끈 감아버렸는데
그 검고 무섭도록 어두운 사이에서
빛이 나타나는가 싶더니
다시 그 눈부신 무지개더라
피하려 한 것도 아니고
아름답다 생각했는데
도망칠 수 없다 생각하니
되레 겁이 나는구나

나비효과

울고 싶었지만
울지 않았습니다

떼쓰고도 싶었지만
그렇게 하지 않았습니다

지금 내 자리는
그 나비에게서 멀지만

앞으로든 뒤로든
움직이면 날아가 버릴까
소리 내면 놓쳐 버릴까
숨죽이며
버티지만

차마 눈을 돌리지 못하겠습니다
눈을 돌리기 싫어서가 아닙니다
제 눈이 이미
그 나비에게서 떨어지지 않게 되었습니다

다가가거나 멀어지거나
하지 못하지만
제 눈만큼은 그 나비와 점점 가까워지는 것 같아

슬퍼서 우는 것이 아니라
아파서 웁니다

눈을 깜빡이지 못하는 내가
한심하면서도

눈은
아파서 웁니다

빙고

작은 공간들이
어디에선가 모여
된 큰 공간

더 작아져도 되고
더 모여도 되고

어쩌면
큰 공간이
작은 조각들로 쪼개져
버린 것인지

그 작은 것들이
텔레파시로 연결 지어
마음속 그 색으로 칠해
한 길을 만들면
그게 바로

수학

수학을 풀다 보니
떠오르는 그 친구

샘나기도 하고
부럽기도 한데

요즘 잘 지내나

더하고 빼고
곱하고 나눠도

다시 0으로 돌아올 때

나는 잘 지내

마법

이제 나에게
마법은 더 이상 없구나 했는데

자꾸만 나에게 마법을 거는
그 정체 모를 어떤 것이

속임수이려니 했지만
분명한 마법인걸

내가 나 아닌 것처럼
그런 마법인걸

이제 그만 풀려나고 싶지만
그것이 나에게 남긴
유일한 주문인걸

소중히 간직하고 싶지만
나에게 그 마법은
감당하기 어려운걸

돌고래

어릴 적
어머니께 들었던
돌고래 이야기

태평양 한가운데
아니 정가운데
위가 푸르고
아래가 푸를 뿐
아무것도 보이지 않던

올려다보면 어지럽지만
내려다보면 아득하기만 한

지구 한가운데 공중에서

그곳에서
돌고래 한 마리 등에
하루 종일 올라타
행복하셨다 말씀하셨던

그 이야기 속
돌고래가 없었다면
악몽이 되어버렸을지도 모르는

함께한 여행에
몇 시간을 무색하게 한

오르골 소리가
보이지 않을 만큼
푸르게 눈부시게 빛이 나던

깨지는 소리 없이
위태위태 들고 있던
공을 놓치고

내 마음 한켠에도
미련으로 붙잡아 둔
너 한 마리
놓아 버릴까

어릴 적
어머니께 들었던

돌고래 이야기가

너를 놓아주지 못해

버리지도 못하는

강하게 여민 밧줄

끊어지지 말자
끊어지지 말자
끊어지지 말자
끊어지지 말자
끊어지지 말자
끊어지지 말자
끊어지지 말자
끊어지지 말자
끊어지지 말자
끊어지지 말자
끊어지지 말자
끊어지지 말자
끊어지지 말자
끊어지지 말자
끊어지지 말자
끊어지지 말자
끊어지지 말자
끊어지지 말자

끊어지지 말자

끊어지지 말자

끊어지지 말자

…

제발 끊어지지 말자

비 오는 날의 그 꽃

젖은 바닥
하얗고 발그레한
반짝거림이
그 부드러운 반짝거림이

하늘의 빛을 받아
바람까지 불면
한 바퀴 핑 돌게끔 하던
그 반짝거림이
바닥에 붙어
빛을 내지 못할 때

젖은 벤치 위에
또 떨어져
앉지도 못하게 할 때
빛 없이도
여전히 빛은 나지만
조금은 다른 빛을 내는
그때

그때
나를 움직이게도
멈추게도 하는
그때의 그 꽃

잊을 수 없는 것 (1)

세상에 많은
그 아름다운 것들

모두 내 눈 속에
머릿속에
가슴속에
담아 놓으려
애를 써도,
잊혀지는데

아무리
눈을 가려도
머릴 잠가도
가슴을 얼려도
잊을 수 없는 것

가린 눈의 빛이 되고
잠긴 머리에 구멍 내고
얼린 가슴의 눈물이

녹여 내는

그대는
나에게 잊을 수 없지만
다만, 간직해야만 하는 것

잊을 수 없는 것 (2)

뒷모습이 익숙한 그대

차가운 앞을 볼 수 없어
따뜻이 느껴지는 뒤를 봅니다

앞이 마주치면 도망갈까
멀지만 더 멀어지지 않을 뒤를 봅니다

뒤는
나를 향해 웃을 수 없고
다정할 수 없고
위로해줄 수
없지만

앞은
웃을 수 있지만 웃지 않고
다정할 수 있지만 다정하지 않고
위로해줄 수 있지만 외면해 버려서

어차피 같을 거라면
돌아보게 하지 않고
더 이상 멀어지지 않을
뒷모습만 바라보며

언젠간 앞을 볼 수 있을까
희망도 버리는 채

그저 뒷모습만 바라봅니다

푸른 숨

메마른 땅 위에
새 숨을 불어넣어 준
그 푸른색

어떤 이는 푸르다 하고
또 어떤 이는 회색빛이라 했지만

내게는 여전히
푸릅니다

누군가가
왜 푸르냐 묻는다면

저는 그것이
노랗기 때문이라
답합니다

때로는 붉어서라고
대답합니다

저에게 그것은

노랗고

붉었기 때문에

푸르릅니다

벽을 망치로

부수는 것은
나를 위해서도
너를 위해서도
아니야

부수는 것은
부서질 것을 위하고
그 위에 다시 부서질 것을 위한
것이야

어차피 부술 거란 말이 아니라
어차피 다시 부수면 되는 것이란 거지

부수는 것을 두려워하지도
귀찮아하지도 마

또 부숴야 할 벽이지만
지금 부수는 벽이 있어야
그 벽도 언젠가 부수게 될 테니까

그 벽이 부서져야

그 다음 벽이 부서지니까

상처가 아닌 상처

상처였다면
마데카솔을 바르면 그만이고

마데카솔이
질릴 때쯤의
상처였다면
후시딘을 바르면 그만인데

그것이
상처가 아니라면
아물지 않는
아물지 않을
흉터가 남을
그런 건 아닌데
그냥 지워지지 않는다면

사인펜으로 그린
케첩으로 장난친
낙서보다

네임펜으로 그린 낙서 흉터라면
언제까지 기다려야 지워질까

해로운
아세톤 없이 자연히 지우려면
얼마나 기다려야 할까

나를 미치게 할 때

세상이 모두
미쳐버릴 때
당신도 미쳤으면,
했어요

당신이 미치면
실망할 수 있고

당신이 미치면
욕을 할 수 있고

당신이 미치면
포기할 수 있을 것 같았기에

당신이 미치기만을
기다렸지만

당신은 끝끝내
당신만큼은

미치지 않았어요

당신이 미치면
나도 미칠 수 있을 것 같았는데

당신이 미치지 않는 것이
저를 더 미치게 해요

여든까지 가는 버릇

세 살 버릇 여든까지 간다
는 틀린 말이다

3년 만에 변하기도 하고
6년 만에 변하기도 한다
3년 만의 변화는
어쩌면 외모에 관한 것인지 모른다
조금 더 예뻐졌네 혹은
참 예뻤었는데
6년 만의 변화는
더 크고 벅차며 낯설다
나아가는 방향이 달라지며
외모는 마치 새로 태어난 듯
친구들 사이의 위치나 관계도
마치 대륙 하나가 붙고 떨어지듯
새로워져 있다

잘 알던 사람도
몰라보게 되고

잘 몰랐던 사람은
찾아보게 되고
기억 속에 잊혀진 듯하다가
더듬더듬 짚어보면
한구석 그 자리에 있는
그 낯선 사람들과의
추억, 기억, 우정

그 사람들에게도
나는 그렇겠지

그때 나를 알아보지 못한
그 친구처럼

나를 보고
변해버렸다
마치 다른 사람인 듯
몰라보겠지

돌이키는 법

돌이킬 수 없는 선택은

똑같은 선택지를 두고
똑같은 갈림길에서
똑같은 시간에
똑같은 날씨에
할 수 없다는 것뿐이지

이미 지나쳐 버린 길을
다시 돌아갈 순 없어도

다시 지날 길들 중
지름길을 만날 수도
새로운 길을 만날 수도
그 전으로 연결된 길이 될 수도 있으니

비록 다른 선택지를 두고
다른 갈림길에서
다른 시간에

다른 마음가짐으로
한다 뿐이지

결국은 나의 선택을 돌이킬 수 있었다는 것,
결국 모든 길은 만난다는 것

그러나 돌이킬 수 없는 것은
돌아선 마음이라

마음은 선택과
갈림길과
시간과
날씨가
같다 해도
늘상 다른 것처럼

돌아선 마음이 되돌아오는 것은
새로운 선택
새로운 갈림길
새로운 시간만으로
같아지게 할 수 없음을

그것이
돌아오려면

돌아선 마음에
더 큰 너의 마음을 보태주는 수밖에 없음을

너에게 남은 마음이 부족해질 만큼
더 크게 얹어주는 수밖에 없음을

친구에게

친구가 나에게
하늘을 믿으라 한다

그 어떠한
순간에도
믿는 것은
지는 것이라

나를 더 이상 믿지 못해
하늘을 믿는 것이라

말리고
말렸건만

지금 당장 지옥에 떨어진대도
지옥은
없다며
있다면
기꺼이 가겠다며

그 당당함 온데간데없이

그저 믿으면 될까
흔들리는 내가

그 친구를
찾아간 날

나에게

신이 있고 없고는
더 이상 나에게
중요하지 않다

다만
예수의 생일은
꼬박꼬박 챙기고

부활절날
교회 가서
맛난 것도 먹으며

혹시나 하는 마음에
다리에도 소원 빌고
동전 던져 소원 빌고
떨어지는 별까지
내 소원의 도구가 된다

어쩌면 '신'은

있기 때문에
믿는 것이 아니라

내 몸과 마음이
의지할 수 있는
또 다른 나로

믿기 위해
있다고 하는 것이 아닐까

나의 다짐

쉽게 질리는 너를 보며
처음에는 어떻게 해야
되돌아갈 수 있을지를 고민했어

나중에는 스스로 답답해져서 화가 나고
부끄러웠던 행동들 후회하고
미워도 해보고
상상이지만 때려도 보고
근데 이제 알겠어

되돌아갈 수 없는 건 진작이었고
답답해도 어쩔 수 없고
후회는 길어져 봐야 더 부끄러워질 뿐이고
마냥 미워할 수도 없고
때리는 건 결국 내 상상 속 일이라는걸
그래서
나도 널 질려 하기로 했어

그래도 좋아했으면

책임 아니라도
상처는 주지 말았어야지

니가 낸 상처가
그냥도 아픈데

닿으면 더 아프고
물 닿으면 쓰리고
약 바르면 낫겠거니
밴드가 지켜주려니

근데
너가 자주 덧내는 바람에
상처 위에 또 상처가 생기고
그 상처 위에 상처가 자꾸 생겨서
치료가 안 돼

아리송

아 아리송
내 마음을 몰라 아리송

아아 아리송
그거 알 듯도 한데
아리송하구나

음 아리송
어쩌면 아는 건지 몰라도
아리송하구나

그래 아리송
아리 송송 아리송
아직도 아리송하구나

나룻배가 나오는 시

나룻배가 나오는 시가 싫다

사공을 탓하는
나룻배가 나오는 시가 싫다

외로움이 배가 되는
나룻배가 나오는 시가 싫다

잔잔한 호수에 홀로 떠 있는
나룻배가 나오는 시가 싫다

황천길을 이어주는
나룻배가 나오는 시가 싫다

그래서 나룻배가 나오는 시가 싫다

여보게나

어이, 여보게나
무얼 하고 있소

어이, 여보게나
무얼 하고 있나 물었잖소

어이, 여보게나
화가 나려고 하오

아휴, 미안하오
자고 있었구만그려

1도 아니고 2도 아니고 1/2

1도 아니고
2도 아니고
1/2이란다

엄마도 아니고
아빠도 아니고
부모님이란다

걱정하는 것도 아니고
무관심한 것도 아니고
아닌 척이란다

좋아하는 것도 아니고
사랑하는 것도 아니고
사귀는 것이란다

노래하는 것도 아니고
춤을 추는 것도 아닌데

1도 아니고

2도 아니고

1/2이란다

아니 도대체 누가

누가 정했어
밤에 자고
아침에 일어나라고

나는 아침에 자고
밤에 일어날 거다

누가 정했어
아침 점심 저녁
먹는 시간

난
딱 그 중간 때쯤에
먹을 거다

누가 정했어
일요일날 쉬고
5일 동안 일하라고

난
수요일에 쉴 거다

누가 정했어
재밌는 드라마는
밤 10시에 하라고

난 아침 10시에
보고 싶은데

아 맞다, 그리고 누가 정했어
18세 이상 관람가
재밌는 건 다 18세인데

18세와 19세의
차이를 어디 한번
따져보자

누가 정했어
내가 안 정했는데
왜 마음대로 정해?!

매쓰

아, 매쓰매틱스
에잇, 매쓰매틱스
이런 매쓰매틱스
해보자 매쓰매틱스

둥글고 모나서

둥글고 모난 것은
눈으로 보기도 하지만

둥글고 모난 것은
손으로 만져지기도 하며

둥글고 모난 것은
마음으로도 느낄 수 있습니다

둥글고 모난 것은
둥글고 모났기 때문에

당연한 것처럼

해가 뜨고 달이 뜨는 것처럼
마치 당연한 것처럼

눈이 내리고 비가 내리는 것처럼
특별하지만 늘 존재하는 것처럼

하늘이 푸르고 바다가 푸른 것처럼
그대가 항상 푸른 것처럼

아침에 일어나고 밤에 자는 것처럼
그대 생각이 의무가 된 것처럼

노래를 부르고 춤을 추는 것처럼
그대와 있는 것이 즐거운 것처럼

제2부

29살 메디컬 스쿨을 다니며 세상을 향해 적은 제목 없는 시

이미 지금도 많이 상한 나의 시간은

누군가 금으로 보상해도 되돌아오지 않는다

내가 졸업을 했다면

취업을 했다면

100만 원에 갇혀서 살지는 않았을 텐데

왜 내가 아직도 대학생이야

왜 아직도 좁은 방 안에

혼자 외딴섬처럼

물건 쌓아놓고

100만 원 굴레에서

함께 걷는 동료 하나 없이

외롭게 살도록

부모님은 존중을 바탕으로

너 하고 싶은 대로 하라며 방치하고

국가는 보호를 위해 아무것도 하지 말라며 가둬놓고

기회의 땅 미국은 이용만 해 먹고 학위는 안 주는데

따지는 대한민국 속 나는 없고

나는 그렇게 갇혀서

오늘도 맥주 한 잔 마시면 취한다는

내 안의 조롱을 함께 들어야 하나

N의 상상

사회 과학적인 것과
사회 이념적인 것
다를까…?
만약 내가 capitalist이고
과학적 미래를 그린다면?
사회적 윤리를 어기는 것일까?

과학적 미래는
나와 후대를 위한 것이라서
인류의 편리를 위한 것이라서
사회주의적이라면

민주주의적인
과학적 미래란
무엇인가

교과서 속 홍익인간 정신은

사회주의적 개념일까?

국가 공무원과 독립운동가들은
어쩔 수 없이 사회주의자가 된 것일까?

현대의 사회주의 개념과
민주주의 개념을 수정해야 될 것 같다

사회주의는 유토피아를 바라보았지만
유토피아가 될 수 없는 현실을 보였다

그럼 사회주의 이념 자체를 엎고
새로운 이념을 도입해야 하나?

민주주의와 사회주의
더 이상 둘로 나눌 수 없는
세상이 온 이유는

과학의 발전
환경의 변화
화폐의 다양화

그럼 지금의 시대는
코로나로 뭘 바꿨을까?
누가 코로나를 퍼뜨렸을까?
왜 그때여야 했을까?
영국은 뭘 알고 브렉시트를 한 것일까?
락다운한 나라는 뭘 막고 싶었던 걸까?
중동은 무기로 전쟁을 할 때
백신과 제약회사는
무슨 전쟁을 했을까?

전쟁이 끝나고 무기회사에서 돈을 벌었다
전염병이 끝나면 제약회사에서 돈을 번다

코로나 이후 전 세계에서는
전쟁과 마약, 난민으로
골머리, 속앓이를 하고 있다

솔직한 커뮤니케이션의 부재가
전쟁과 난민을 낳았을까?
미디어의 의존성이 마약 같은 것이었을까

한쪽은 무기로

한쪽은 약으로
전쟁을 하고 있다

한국에서 의대 파업은
학교 다닐 때 공부 열심히 한 그 아이들이 성인이 되어
특권이라는 시각으로
환자보다 더 중요한 이념이 생겼을지도 모른다
그게 의사도, 환자도 지키는 일이라고 판단한 것이었
을까?

윤리적인 의사가 필요한 세상
윤리를 위해 윤리를 벗어던진 의사
윤리를 위해 공권력을 행사하는 정부

우리 젊은 모두가 생각해 보아야 할 때인 것 같다

미국의 불안정한 국내 경제는
주변 국가마저도 폐쇄적이게 되는 계기였다
그로 인해 불안정한 세계 경제는
더 불안정한 국내 경제를 낳았다

미국은 화폐를 찍어

주변 국가의 부채와 걱정을 남긴다

일론 머스크의 등장은 가상화폐 개념을 창조하고
극단적 자본주의가
또다시 주변 국가를 사회주의적 분위기로 바꾸어 놓는다

일론 머스크는 리스크를 생각해보았을까?
커뮤니케이션의 부재로는 알 수 없다

리더는 파급력을 생각하는 자리라면
일론 머스크는 자신의 파급력 생각하느라고
주변 국가에 미칠 영향까지 계산 못한
극단적 자본주의가였을까
고민해보게 된다

소비를 해야 소득이 발생하고
소비가 어려우면 소득도 어렵다
그렇게 또 소득이 어려우면 소비가 어렵다
절약하던 일본은 그래서 부채를 감수하고
물가를 낮춘다

가상화폐적 사고에서는

내 돈이 내 돈이 아니다

그럼 신용카드는?

종이화폐에서 신용으로 넘어간 시대에
이제는 가상화폐가 자리 잡는다
그렇다면 정부는 리더의 자리에서 파급력을 감수한다
그렇다면 가상화폐적 사고는
인간과 리더에게 사회주의적 사상을 남기는 것인가

우리의 안전을 위한
락다운은 가상화폐에 친화적인가 적대적인가
인터넷 딜리버리와 락다운 연관성은 어디까지인가
미디어 의존성을 걱정한 중국은
우리의 결정과 얼마나 많이 다른 것인가

민주주의적 과학의 미래가 되려면?
과학이 통제가 되야 한다면
완벽한 민주주의는 불가능하다
윤리 교육 실패하지 않기 위해
완벽한 방어는 불가능할지도 모른다

나의
윤리는
20대에 많이 고민하고
수학보다 화학을
화학보다는 의학을
그런 식으로 나아갔다

우리가 교육을 해야 한다면
여전히 성장하는 20대에 대학에서 숙제를 맡고 있다
젊음의 정의가 늘어난 시대에서는
어릴 때 충분히 배우지만
대학교의 학생들도 아직 성장 중이다
20대에 많은 학생들이 고민할 수 있어야
민주주의적 과학의 미래가 있을 수 있지 않을까?

대학이 취업의 입문과정이 아니라
자신과 다른 사람들의 윤리에 대해서
생각해보게 한다면
큰 변화가 있을까?

새로운 이념은
새롭게 공부한 청년들이 어른들과 소통하며 세워야

현대에 딱 맞는 이념, 모두가 다르게 좇는
자유주의 사회주의 자본주의 공산주의가 될 듯싶다
20대들은 30대들도 40대들도
우리의 아버지 50대들도 새롭게 고민해야 한다

나는 노래만 들어도
내 마음을 알겠는데

속마음을 꿰뚫어 본다는 사람들은
노래 가삿말에 속는 줄 안다

그 사람들 마음을
헤아릴 여유가 없다

중요하지 않다

나는 내 마음
내가 아끼는 사람들 마음만
중요하다

나머지는 무시하라는 말이 아니고
흔들리지 않겠다는 말이다

무시하지 않았다

다 들었다 다 담았다
그렇지만 흔들리지 않았다

내가 뭘 좋아하는지 알고
뭘 힘겨워하는지
공유와 공감을 충분히 못해도
나는 알고 있다

안쓰러운 눈빛도
다 보았다
나는 사랑한다
그 눈빛도 그 마음도
그런 사람들을 아끼며 살고 싶다

나를 모르는 사람들이
그 안쓰러운 눈빛이 거짓이라 말할 때
나는 미소 지을 수 있다

의심이 많은 내가
보았던 그 수많은 눈빛들에
거짓은 적었다

순간 있었을지언정
한 번은 진심이었다

나는 보고 느꼈다
의심도 주어 가며 느꼈다

내가 사랑한 사람들
나를 사랑한 사람들
말을 하지 않았어도
눈빛은 거짓말하지 못한다
연기할 수 있다지만
진실이라고 생각한다

복잡한 세상 속
우리가 LGBTQ로부터
감사할 일이 있을까?

있다 분명히 있다
LGBTQ를 존중함으로써

여자가 아들로 살아갈 수도
남자가 딸로 살아갈 수 있다

내 성적 취향이 비록
LGBTQ에 속하지 않더라도
나는 분명 그들의 주장이 힘을 얻을 때
취향을 존중받을 수 있다

그래서 나는 내 친구들의 취향을
온 마음을 다해 존중하고 감사하다

아들로 살아가는 내 미래에

감사하면서
여자로서 취향껏 존중한다

어지러운 미래야
나의 취향과 너의 취향이 다르더라도
질서 있게 살아갈 수 있어
행복해지자 취향이 다른 내 친구도
취향이 같은 너와 나도

K-pop

너의 소속감

나에게 불필요한 불편한 일

너는 나의 재능을 질투하는 게

너무 티가 나

좀 숨겨

자존심 있으면

이것도

저것도

사람이랑도

영어도

그 어떤 언어도

뭘 갖다 붙여도

다 되는 cocky 한 나

질투하는 거

티 많이 나

자존심 좀 챙겨라

내가 못하는 걸로 얘기해

하고 싶으면 굳이

내가 애인 것마저

질투하지 마

뒤꽁무니 쫓아다니면서

너 열등감 티 내는 거

피곤해 안 궁금해

이제 곧 있으면

어떠한 사진으로 날 저격할 너

나 저격하는 거 맞니?

나를 어느 정도로 생각하는지

니 상식과 개념이 티가 날 뿐

그런 수식어는 악세사리가 아니다

정신 차려라

개새끼들이

중2병 14살
중2병이면 어른인가

나의 중2를 회상한다
나의 중2는 개나리랑 벚꽃 속에서
웃음이 꽃피었었다

단체 줄넘기도 하고
도서관에 책 정리를 하면
몰래 보러온 남자인 친구도
가끔 생각나는 요즘이다
할 거 없어서 온 걸까
점심시간이 그렇게 길었나

1시간뿐인 점심시간에
밥도 먹고 친구도 보고 공부도 하는
중학생들은
분명 똑 부러진 어른 같다

오늘의 나의 점심시간에는
친구도 없고 공부도 없다
공허하다

누군가의 생일파티에
매번 초대될 수는 없지만
모르고 싶다
같이 있을 수 없다면
모르고 싶다

샴페인이 터질 때
움츠러들기 싫다

나는 꼭 내가 중2쯤 되었으면
좋겠다고 생각한다

리드하는 카리스마는
따라가고 싶었을 때가 없었을까
궁금한 계절의 저녁쯤

나는 따라다니고 싶다 누구든
정처 없이 따라다니고 싶다

행복을 말하면 비웃겠지만
그래도 나는 행복이 좋다

먹을 수 있는 자유
입을 수 있는 자유
집 안에 영유할 수 있는 자유

자유 있는 행복을 좇아서
따라다니고 싶다

누구 어딘가의 리더도
그런 날이 있으리라고
상상해본다

오늘의 일기장

나는 오늘 밥을 두 번 먹고
똥도 몇 번 싸고
비가 온 것 같은 하늘과 땅을 내다보며
노래를 듣는다

어떤 노래는 유행가로 마음을 전한다며
내 마음을 동하게 한다

그렇지만 내가 오늘 듣는 노래는
내 마음을 전혀 움직이질 못한다

오늘 같은 날씨에는 어울리는 노래인데
언니가 슬픈 노래 들으면 알긴 알아?
같은 말들이 더 설득이 되는 날이다
그 어떤 노래도 설득이 안 되고
어쩌면 사랑 한 번 제대로 한 적 없는 나는
창밖 날씨에도 설득이 안 돼서

마음이 요지부동이다

사랑 없는 양심에는
낭만적인 발라드가 최선이다
더 기대하게 하는 사람도
없었으면
덜 쓸쓸한 저녁 계절인 것 같다

가을 탈 줄도 모르면서
저녁 계절 타는 나는
그냥 조용히 잠들기가 싫다

그래서 밥도 먹고
노래도 듣는다

나를 불러주는 곳이 있는 것 같다

나는 자신이 있다 이상하게도

그런데 현주소 나에게 대한민국은

밥 먹고 숨만 쉬라고 한다

그럼 내 입장에서

누구와 어디를 가겠는가

밥 먹고 숨쉬기는 갓 태어난 아기나 할 법한 일이다

좀 더 크면 아장아장 걷기도 하고

더 크면 뛰어다니기도 한다

그런데 갓난아기처럼 하라니

유혹에 넘어가려고 해도 넘어가지지 않는다

그래도 확실한 건

소외된 어른인 나는

대한민국 어느 한자리에 앉아서

글을 쓰고 있다

소속감 없다
소속감에 대한 글도 누가 지웠다
그런데도 세상의 여러 소속을 상대해야 할 때

부모 없는 자식이라면서
부모님 탓을 한다

없는데 어떻게 탓하겠다는 건지

나는 부모님도 사랑하고
소속만 없다

부모님은 영원히 나를 쫓아다니면서
사랑을 보이시지만
공허한 나에게는
모든 것이
시간 낭비 돈 낭비

국가가 나를 아프게 할 때

나의 2년짜리 토플 기간이 끝나 버렸다

그래 놓고 상상 속 토플 없는 합격은
나에게 무기가 되어 돌아온다

내가 너 이렇게 해줬잖아?
저렇게 해줬잖아?
사랑은 원래 그렇게 해준다
그리고 탓한다

그럼 난
사람 곁에서 울지를 못한다
그게 유세라는 걸 알아서

DNA

강아지는 태어나서

강아지같이 한 적이 없다

개새끼야

그냥 사람들이

강아지로 보는 것일 뿐

강아지의 DNA에는

사람을 사랑으로 보는 유전자가 있다

너를 안 사랑하면

너는 강아지를 영원히 볼 수 없다

혼자서 소외된 욕심 많은 나의 질문들
나한테 좋은 게 있긴 해?
어차피 들어가면 왕따에 괴롭힘뿐일 집단에
들어갈 이유가 있긴 해?

신뢰가 강요가 가능한 부분이긴 해?
괴롭힘이 신뢰에 가까워지긴 해?

내가 가진 걸 포기하는 게
나를 위한 일이긴 해?
누군가의 배아픔 아니고? 확실해?

나의 취향 그 아이스크림 하나 먹는 게
모두를 위한 일이긴 해?

그냥 자존심 아니고?

내가 가진 게
선천적이면 어떻게 해?

버릴 수 없는 일이면 어떻게 해?

자아를 버리면 어떻게 돼?

자아를 버린 나한테 나쁜 게 붙으면 어떻게 해?

그때의 나를 너는 책임질 수 있어?

책임을 못 지면 어떻게 해?

내가 사랑하는 사람들이 대신

책임을 져야 되면 어떻게 해?

나는 자아를 지켜야 해?

뭐가 맞아?

지금도 내가 미우면…

앞으로의 나는 어떻게 해?

앞으로의 나는 좋아할 수 있어?

내가 하는 게 다 싫으면

나는 어떻게 해?

그중에 뭐를 해야

인정받을 수 있어?

내가 물으면 답을 줄 수 있어?

답을 줄 수 없으면 어떻게 해?

나는 자아를 지켜야 해?

뭐가 맞아?

제발 도와줘

알 수 있게 도와줘

내 자아도 할 수 있어 너가 하는 거

그거

아무 곳에도 소속이 안 된다
희생한다면 그건 나의 탓이 아니다

그냥 나 하나가
전체에 보탬이 된다면

어쩔 땐 그건 그냥 마녀사냥일 뿐

천도제 올리는
조금 지난 오늘날 마루타 같은 것이다

국력
요즘의 대한민국은
탕평 하나에 사활을 걸 국력

내부에서 총질해서
희생했다 자부하는
국력

그걸로 절대 국력하지 않고 싶다
부끄러움은 모두의 몫이 아니고
어린 나의 몫이기 싫어서
마음속에 세모난 양심이
여기저기 총질을 한다

소속감에 대한 글을 썼는데
잃어버렸다

누군가가
나의 소속감에 대한 아쉬움을
지워버렸다

그 사람을
나는 지워버리고 싶다

여자와 남자
생각이 드는 밤이다

여자의 여성성
남자의 남성성
모두 지향하지만 지양한다

나는 지향만 한다
왜냐하면 지양할 이유가 없기 때문이다

지양을 한다면
그건 나를 위해서도 남을 위해서도 아닌

허울뿐인 이상을 위해서다

양성평등 주장하고 싶은가
그렇다면 성차별을 줄이면 된다

성의 차이가 아니고

차별을 줄이면 된다

오늘도 나는 건방지게
여성성을 지향하면서
지양을 향해 가고 있다

내가 나답지 못해
너무 화가 나는 밤이다

남에게 강요하는 시대가
아니길 바랄 뿐이다

어떤 방향이든
강요는 하지 않기를

그게 차별이니까
성차별이니까

병원 실습하러 온 간호사는
여자 병동에서 남자를 꼬시기 위해서 화장한 것인가
어차피 쓸 마스크 밑에 화장은 왜 하는 것인가
저 여자는 화장이 되고
왜 나는 안 되는 것인가

정신병동에 입원한 환자는
여자 병동에서 남자를 꼬시기 위해서 화장한 것인가
어차피 입을 환자복 곁들여 화장은 왜 하는 것인가
저 여자는 화장이 되고
왜 나는 욕을 먹는 것인가

왜 나는 화장을 하면
모두에게 화장하는 이유에 대해서
구구절절 설명해야 되고
설명을 하면 왜 욕을 먹어야 되는 것인가

남자도 화장을 하는 멋진 시대에…

의사든 변호사든 기자든
대한민국의 위기의 순간에
변호할 전략가들은 항상 필요합니다

대한민국 학벌 안에 갇혀서는
저 외국 인사들의 공격에
대비하지 못합니다

우리도 그들을 배워야
변호할 수 있습니다
앞서 대비할 수 있습니다

대한민국이 국제사회에 개방해야 하는 이유는
그들을 받아들이기 위해서만은 아닙니다
우리가 진출하기 위해서이기도 합니다

시장이 더 크고 작고는
이제 의미 없는 시대가 언제든 이미든 다가옵니다

누구나 유튜브 채널을 만드는 세상입니다
누구나 말할 수 있는 시대입니다

그럴수록 잘못된 역사든 그릇된 역사든
닥치는 대로 배워서
비판할 줄 알아야 합니다

밖으로 나가야 합니다
지금도 내일도 문을 열고 싶습니다

지금은 비록 아무것도 없는 29살 아가씨지만
제 기를 꺾어서
저를 어디다 쓰실 겁니까
기를 바짝 세워서
밖으로 내보내 주세요

더 많이 배워서
잘 불려서 돌아오고 싶습니다

도와주세요
힘내 봅시다 힘을 내서 힘내 봅시다
지금 우리는 폐쇄된 공간 안에서

수비 방어에 최선을 다할 때

먼 나라에서는 최고의 수비는 공격이라면서
여기저기 헤집고 다니고 있습니다

이럴 때일수록 오히려 밖으로 나가야 합니다

달러도 벌고
시야도 넓히고
위험을 무릎 써야 합니다

우리의 최고의 공격은 지성입니다
얼른 나가서 지성을 쌓고 대비해야 합니다

여기 이렇게 숨어서는
시간이 무섭게 가는 걸 지켜보기만 할 뿐입니다

제가 어릴 때에는
세계의 유일한 휴전국가라는 말을 배웠습니다

지금은 휴전을 바라는 판국입니다
그동안 뭘 하신 겁니까

경제도 정치도 글로벌하게 얽힌 시대에
왜 가만히 숨어 계셨습니까

얼른 밖으로 나가서
대비해야 합니다

지성도 힘입니다
무기도 지성으로 만든 무기라는 걸
우리 모두 잊지 맙시다

거울 속 내 겉모습이 어떤가에만
신경 쓸 타이밍이 아닌 것 같습니다

위험하다고 숨어 있지 않고
체면 구겨진다고 중립하지 않고
어느 한 편에 서는 걸 두려워하지 않고
시야를 넓혀야 합니다

빼앗긴 자유

누구를 위해서?

타잔과 제인

제인은 타잔을 만난다
타잔이 인간의 글도 문화도 어려워하지만
제인의 반응을 보고 학습해 나간다

그럼 제인이 타잔을 배우는 것인가
타잔이 제인을 배우는 것인가

머신러닝은
기계가 인간이 입력한 경험을 배운다는 것 같은데
그럼 기계가 인간을 배우는 것인가
인간이 기계를 배우는 것인가

아리송한 세상이다
많은 것들이 상호작용하는 것 같다

You think I see the color

Of course I see the color

as you think I care about the racism

What's wrong with seeing the color

Accept the difference

That's the equality

We cannnot see the same

As we all different

Even all the Asian think differently

What's the big deal with seeing the difference

Yes I have privileged eyes

However, you can't just ignore my point of view

All the views are important

As you are American,

one of the most important parts

of being civilized citizen is⋯

I still don't know that part

We should figure this out together

But don't just blame me as I cared about the color

I know your color

but never look down on your color

That's your stereotype

I actually love your color

as I assume that you also love my color

Sorry about my words and expression

if you felt that I ignored your opinions

And thank you for listening to my opinion as well

나와 같이 방황하는 사람에게 꼭 해주고 싶은 말

지구력 체력 꼭 올려서 정신세계도 지키기
맛있는 밥 많이 먹기
하고 싶은 일, 공부, 봉사, 취미 하기
사회구성원이 되기
대신 화내줄 사람 찾기
합리적 쓴소리를 해줄 사람 찾기
존중해주는 사람 찾기
순수한 사람도 찾아보기
동물을 아끼는 사람이 되기
환경을 꾸려나가 보기
더 잘 버리기
건강 챙기기
대충 먹지 말기
건강검진 주기적으로 받기
싫은 사람은 만나지 않기
만나면 내색하지 않기
잘 지나치기

소비를 너무 의식하지 않기

취향을 고집부리기

여행은 남들 따라 산길 따라 강물 따라 흐르듯 가기

정신은 항상 깨어 있기

자유롭게 살되 질서는 지키기

할까 말까 할 때는 고민하는 나름의 이유가 있는

나 자신을 믿고 해보기

소속감을 가져보기

연대감을 느껴보기

죄책감은 덜기만 하기

남 탓은 귀여울 만큼만 하기

들꽃 아니고 나는 나르는 날다람쥐

바람 불 때는 가만히 맞아보기

비가 올 때는 조용히 들어보기

해가 비출 때는 우울하지 말기

봄바람과 가을바람 차이를 알기

영원한 것 좇지 않기

따라가 보기

사차원이 기꺼이 되어 보기

화를 낼 가치가 있을 때만 아껴서 신중히 내기

다시 꼭 볼 사람 구분하지 않기

노래 많이 듣기

사랑하기

내가 생각하는 앤디 워홀과 김연아의 공통성

앤디 워홀은 끝까지 미술의 상업성을 강조하고
김연아는 아직까지도 피겨의 기술성을 강조한다는 것

분명한 예술성을 부인하고
상업성과 기술성을 주장한다

하지만 바라보고 있는 대중은
예술성 때문에 그들을 좋아했는지 모른다

예술이 상업적이고 기술적인 것을
우리는 알지만

그들은 평범하기 위해
사랑하기 위해
상업성과 기술성을 강조했는지도 모른다

네가 나의 노력을 영원히 모른 채 산다면
내가 어쩌면 천재가 맞다

시간이 썩고 있다
시간은 상하는 것이다
금은 상하지 않는다 자국이 남는다
하지만 시간은 상한다

나의 시간은 금보다 귀하다
이미 지금도 많이 상한 나의 시간은

누군가 금으로 보상해도
되돌아오지 않는다

썩은 물에서 썩어간 시간은
니가 그 어떤 황금 덩이를 구해와도
보상할 수 없다

시간은 귀하다
계속 반복해도 귀하다
어제도 오늘도 내일도 반복적으로 귀하다

오늘의 나의 일기장

인터넷을 보다가 문득 들여다보게 되는 글을 발견했다
어떤 사람의 비극 비밀 로맨스였다
어찌나 신비스럽던지…
비극과 비밀과 로맨스는 서로 와닿지 않는다
분명 공개 로맨스가 아니었을까?
당당하게 연애하고 비밀은 줄여 나갔으면 좋겠다
그렇다면 비극 아닌
러블리한 핑크빛 공개 로맨스가 될 것 같다
그 상대방에게도 그런 것이었을까?
물어봐야지만 알 수 있다
아니면 얼굴을 봐야 알 수 있다
영원히 알쏭달쏭 모를 일이다
하지만 확실한 건
그녀도 참 눈치가 없다
아마 비밀로 돌아다녔어도
다들 한 번쯤은 보는 커플이었을 것 같다
그녀도 손잡은 그 남자도

엄청 눈길이 가는 사람이었을 테니

다음번 사랑에는 꼭 비극도 빼고 실망도 빼고

행복만 가득하길… 하는 생각이 드는 글이었다

오늘 하루 의미 있는 글이었기도 해서

힘을 내서 힘을 내보려 한다

고마운 사람이 많은 하루였다 벌써부터

밝고 명랑한 내가 없다
무서워도 도전하는 씩씩한 내가 없다
나의 감성을 공유할 수 없다
손이 떨린 지 오래된 지금
불안해하다 금방 죽어도 이상할 게 없다

혹시 죽으면 유서를 남겨야 하나
위험한 고민을 부모님에게 화풀이하듯 원망을 낳았다
늘 단짝 같던 동생에게 함께하자 고민하며
예전에 좋아했던 사람들에게
좋은 여자 이미 만났겠지만 잘 먹고 잘살라며
한 자씩 적다 보니

또다시 희망이 생겨
하루를 더 살아갈 힘을 얻었다

교사는 훌륭한 직업이다
내가 마주친 사람들 중
교사 아닌 사람이 없었다
고로 모두가 훌륭하시고
감히 제가 그 건너 건너 어디까지 내다보시는지
차마 알지 못했고 알지 못하고 앞으로도 모른다
하지만 나는 교사가 되기 싫다
내가 하고 싶은 것은 학생이고
친구이고
사랑이다
마음속으로 내가 나를 가르치고
입 밖으로는 공감하려고 노력했다

사람들은 입 밖의 나의 공감은 거짓이고
내가 나를 가르치려 했던 말로
자신을 가르친다고 하였다

나의 스승님이
건방진 공감보다는

청출어람보다는
그냥 내가 학생으로 남아 있길 바라신 것 같다

그래서 나는 교사가 되기 싫다

(우울하고 어리석은 날에)
사람은 잘 속아 넘어갈지 안 갈지 시험해본다
속는 사람은 진짜로 속아서
속아 넘어간다고 생각하게 된다
진실은 괴로워서 속기로 한 걸지도 모른다
속아줄 때까지 멈추지 않을 걸 아니까
그냥 속기로 선택했다고 믿어도 본다

속는 나는 삶의 의미를 찾다가
쥐 죽은 듯 조용해진다
어딘가의 괴물이 나를 돈을 주고 팔았든
앞으로 돈을 주고 팔 것이든
그러한 이유 때문이라고 상상해본다

어차피 죽을 건데 나의 지성은 딱히 상관없어진다
이미 우리 속에 갇힌 원숭이가 되어 스스로를 괴롭힌다

이 범죄 같은 시간이 끝난다고 해도
나에게 더 이상 이 삶이 의미가 없다

모든 사람에게는 정신적 체력이라는 것이 있고
나는 일희일비하는 사람이었는데도
더 이상 감정의 동요가 없다

아픈 사람을 봐도 슬픈 사람을 봐도
아무런 동요가 없을까봐 무섭다

길 가다 강아지가 치여도
나보다 나은 인생이라며 스치듯 지나칠까봐 무섭다

그렇게 살 바에 그냥 죽는 게 낫다며
여성성 남성성 인권 기본권을 지워가며

기억력이 나쁘더라도
매일매일 이 순간을 곱씹으며 살 바에

그냥 세상에 없어지는 게 나을 것 같다

뭔가에 대한 질투인지는 누가 시작한 질투인지는
저는 아직도 모르겠지만

평범한 18살 소녀가 미국에 가서 배워온 것이란

자유도 책임감도 착각일 뿐이고
온통 여성을 희롱하는 범죄뿐이었습니다
Don't look at her she's not a monkey라고 말한
지나가던 그 녀석 하나가 뱉은 저 말이
제일 덜 모욕적으로 느껴질 만큼
힘겨운 시간이었습니다

당신들은 잠도 안 자고 나를 못 자게 하지만
나는 오늘 잠들면 다시는 일어나고 싶지 않습니다

혹시나 기회가 되신다면
내일이 오기 전에
저희 집에 직접 들어오셔서
저를 죽이고 가셨으면 좋겠습니다

저는 스스로 죽을 용기가 없어
공부를 했습니다

죽었어야 했던 것 같습니다
다시 일어나려고 했던 것이 후회스럽고
영원히 깨어나고 싶지도
여자로 살고 싶지도

사람으로 살고 싶지도 않습니다

세상에서 제일 열심히 살면서
제일 열심히 들은 말이 멍청하다는 말이었습니다

마음이 약해서
남이 하는 욕을 다 듣고도
내 주변을 욕하는 말까지 다 담았습니다

그릇이 크다고 말한 그 친구는
평생 어떻게 절 기억할지 모르겠습니다

저는 그릇을 많이 키워야만 했습니다
넘칠 때마다 흐르는 게 아까워서
부수고 새로 짓고 부수고 새로 짓고

그런데 아직도 그릇이 부족합니다
처음으로 들은 고맙다는 말이
죽어줘서 고맙다는 이야기였습니다

태어나서 단 한 번도 아이에게
죽어줘서 고맙다는 이야기는 한 적 없었습니다

저는 아이라고 불리는 피해자입니다
죽어줘서 고맙다는 이야기를 듣습니다

이 세상은 아이에게 죽으라 말하는 세상입니다
저는 평생 어른이 되기 무섭습니다
아이도 죽을 마당에 어른이 어떻게 살지
겁나고 끔찍합니다

아이를 죽이는 또 다른 어른이 되기 싫습니다

그 어른들은 또 자식을 낳고
그 자식들은 아이가 되어
죽어줘서 고맙다는 이야기를 듣습니다

저는 그런 어른이 되기 싫습니다
아이로서 조용히 사라지고 싶습니다

세상에는 다양한 사람이 존재합니다
자기와 같아지게 하지 않습니다
다른 그대로 존중해야 합니다
그게 왜 평화롭고 그게 왜 부유해지는지
모르는 '어른'들이

죽었으면 좋겠습니다
천둥을 맞고 지진이나 땅이 갈라지고
그들이 믿는 종교의 신이
너 벌 좀 받으라며 노하셨으면 좋겠습니다

인간은 잔인합니다
예수를 십자가 못 박아 공개 처형하였습니다
예수의 가족이 보았을지는 모르겠으나
식견이 짧은 저로서는 예수에게도
가족과 친구가 있었을 것이고
그의 죽음을 모두 보고 있었을 것입니다

하지만 제가 본 그림 속 예수는
혼자 십자가에 박혀 있습니다

오늘날 크리스천은
모두 십자가를 품고 있습니다.
자신들의 어머니 아버지가 죽인 예수가 매달렸던
그런 십자가입니다

인간은 그렇게 잔인합니다
십자가를 기념합니다

제가 예수라면 그 십자가
박살 내 버리고 싶을 것 같습니다
니 가슴에 품은 십자가
저주처럼 남아
영원히 면죄 못할 믿음이라며

천재지변을 떨어뜨릴 것 같습니다

인간의 욕심은 무한하고
저의 욕심도 무한하지만
세상의 질서는 모두의 욕심을 제한합니다

저의 욕심은 늘 그렇게 제한되어 왔습니다
그런데 당신의 욕심은 누가 제한하나요?

누가 위험한 것인지 저는 잘 모르겠습니다

비웃음이라는 것은
참

그래서 내가 왜 저걸 다 듣고 있었냐면서
미안해하고 죄책감 느끼고 괴로워한 이유야
심리란 매뉴얼은 각자 자기 마음속에
자기 주관으로 세우는 거지
그걸 누가 마음대로 세운
절대적인 전제조건은 어쩌면 맞추기 어려워

인간이 다 다른데 절대 전제조건을 세우니까
사람들이 괴로워하면서도
이해와 공감이 어려워지는 거지
그건 세뇌도 체념도 아니고
괴롭기만 한 일인데

같아졌다며 우월감 느끼고 있을 때
너의 열등감이 어느 부분에서 드러나는지
상대방한테 알려주는 일이라는 걸 알겠지만

너의 열등감은 누군가에게 조종되는 두려움이구나
어디에선가 또 그 열등감으로

조종당하고 있을 너에게

자유로워지렴
그게 돈이든 사랑이든 습관이든 뭔지 난 모르겠지만
뭐든

대한민국
나의 예쁜 모국어는
애민 정신이라는 말로
포장되어 있다

나의 지금 모국어는
마치 자연재해 같다

크고 파괴적이다

모국어는 실망이다
모국어는 무섭다

내가 다시 일어서면
모국어는 총력을 다해 나를
망가뜨린다

영어를 쓰다가
모국어를 쓰는 사람을 만난다

하나도 반갑지가 않다
왜냐하면 그들은
나를 이용해 외국어를
습득하고 싶어 한다

모국어에게 나는
도구다

모국어가 나에게
의사소통 도구가 되어야 하는데

거꾸로 되고 있다

그 모습을 본 가족은

모국어든 외국어든 무시해
네까짓 게, 그냥 유튜브나 해라

바라보는 중학생들은
키득키득
남 일인 줄 안다

이타심은 성숙한 이기심이 될 수 있다
사랑보다는 사람이 더 중요하다는
가치관을 가진 사람은 존재한다
육체적인 관계보다
정신적인 관계에서 오는 행복이 큰 사람

제3부

2024년 8월 13일 화요일
유학 온 섬에서 고향 대한민국으로
돌아가는 전날 밤의 산문

활짝 열어진 지금은 죄다 엉망진창이다
모두가 오답을 정답이라고 우기고 있다

세상에는 별의별 일이 다 있다

나는 내 삶에 후회가 없다

남을 미워한 적 없었고

있더라도 뱉은 적이 없다

단 한 순간 괴롭힘을 당할 때 이외에는

세상 모든 사람들은

자기를 보호하고 지키며 살아가야 한다

잘은 모르겠지만, 상담 선생님은 그렇게 말씀하셨다

나는 나를 보호하고 싶을 때

조용히 내 안에서 욕을 했다

그리고 문밖으로 나갈 때는 금방 지워냈다

순간적인 감정으로 나 자신도 남도 괴로운 게 싫었다

그런데 내 안에서, 문 안에서의 일들이

밖으로 새어 나갈 때가 있고

그걸 늦게 알아차릴 때가 있다

그렇다면 보통의 인간은 늦게 알아차린 자신보다

때로는 새어 나간 문틈 사이보다

가끔 그 말을 들은 사람을 탓할 때가 있다

나를 미워하는 것도 억울하고

문틈 사이같이 운이 따라주지 않은 것도 억울하고
그 말에 나를 오해하는 그 사람들 보기도 억울하다
한순간이 전체를 오해하는 경우가 있다
나 역시도 그렇다
그렇지만 나는 나를 탓할 수 없다
이해할 수도 없다
그 모든 것을 다 이해하면
'나'는 없다

진심의 나는
가끔 나 자신도 모르는데
전하려 한다
오해는 눈두덩이처럼 불어나
문틈 사이가 더 벌어지고
내 안의 욕지거리는 커져만 간다

진심의 나를 아는 사람들의 눈빛이 안쓰럽다
문틈 속 나는
그것만큼은 지켜내려 우겨댄다

세상에는 여러 단어도 있는데
여러 언어도 있다

나는 아직도 우리 말의 전부를 알지 못한다
그럼에도 다른 말에 호기심을 갖는다

인간의 욕심은 끝이 없고
인간의 수명은 끝이 있다

끝없는 욕심을 끝이
정해진 수명 안에 채울 재량은 없다

그 재량이 가득했던
어린 시절을 많이 떠올리며
자주, 자꾸 회상한다

그때가 힘이 되면,
자꾸 비슷한 추억을 만들게 된다
그것이 나를 약하게 할지라도

마음이 슬플 때는
행복에 집착한다

때로 나의 행복은 남의 불행에 가까워진다
그게 또 나를 슬프게 한다

다시 또 나는 행복에 집착한다

나는 사연이 늘어나는데
어디서부터를 사연이라 묻는
사람들이 많다

더불어 사는 세상에
내 사연도 포함인데
자꾸 튕겨져 나온다

그들의 사연 속에는
내가 없다
오로지 내 사연 속에만
그들이 존재한다

누구는 나에게
일희일비하지 말라고 하였다

나는 희로애락이 있는 사람이다
그치만 일희일비하지 말라는 그 사람이
감동이었다

이렇듯 사람은
복잡한 듯 단순하고

때로는 좋은데 이유가 없고
때로는 싫어서 이유가 없다

나는 너무 이해하지만
이해하지 못한다

나에게도
내 자신이 너무나 중요하다

내가
나를 무시하고 있는 건지
다른 누구를 무시하고 있는 건지

나는 이제는 사실은 안다

선택해야 한다면
내가 나 자신을 무시하지 않아야
남도 무시하지 않는 일이라고 생각한다

세상에는 이런저런 일도 있고
이런저런 사람도 있다
나를 보호하기 위해서
이해하지 않는 사람이 있든
나도 보호하기 위해서
이해하는 사람이었다

다음은 항상 있다
는 말은
오늘을 위한 말이다

그 말이
오늘이 힘든 사람에게
폭력으로 다가갈지 몰랐던 나는
어리다

그 말이 내 20대를
꽤 많이 흔들었다

그게 내가 지금 이곳에 와 있는 이유였다

나는 나의 힘듦도

남의 힘듦도
힘들다
이해도
힘들다

선택은 항상 내 몫이다
나는 항상 그래왔고
앞으로도 그럴 것이다

후회가 싫고
탓할 것도 없어서
결정은 늘 손이 떨린다

그럴수록
정신을 맑게 한다
겁을 많이 먹어도
표정은 어쩔 땐 기쁘다

공부가 쉬워서라는 말은
누가 만들었는지
써먹기 좋다

재량은 한계가 보일 것 같다
눈치가 없어
모를 수도 있을 것 같다

그치만 공부가 쉽다는 말은
나의 재량의 한계를
지워준다

세상에 쉬운 일은
도저히 없다

그래 보일 때는
의아하다
그리곤 웃어넘긴다

사랑을 이야기하기
어려운 세상이다

사랑을 정의하기도
어려운 세상이다

사랑을 표현하기도

어려운 세상이다

나의 사랑과
누군가의 사랑은
형태가 다를 수 있다

많이 경험하면
형태가 둥글어진다

적게 경험하면
형태가 독특할 때가 있다

나는 그렇다
누군가는 반대다

나는 언젠가부터
빨간색 하트를 쓰지 않는다

파란색 하트를
좋아할 때도 있었다

그런데 지금은

핑크색 하트가 좋다

나에게 사랑은
그렇게 마음이 가는 하트를
쓰는 일 같다

정해진 하트 안에서
표현하고 싶은 색깔을 골라
쓰고 싶은 사람에게
자주 쓰는 것

가끔은 토마토도 쓴다

자판에는 다양한 표현법이 있다
나는 그중에 하나를
마음에 두었다

누구는 온통 흰 바탕에 검은 글자다
빨간색도, 파랑색도, 핑크색도, 하트도 없다

그런데 그게
나의 사랑일 때가 있다

이렇듯
사랑은
공부만큼
어렵고 쉽다

때로는 이유가 있고
때로는 이유가 없고
이유가 말도 안 되고

공기가 달달할 때도
숨이 턱 막힐 때도
가슴이 찢어질 때도
같은 사랑일 때가 있다

그걸 한결같이
표현하기란
쉬운 일이 아니다

그래서 나는
아껴둔다
신중하게 꺼내쓴다

글을 이어 쓰다 보면
글을 이어 읽다 보면
다시 되돌아간다

이해는 어렵다

그래서 나는 이 섬에 와 있다
나의 공부는
나의 사랑도
언제나 어렵다

그래서 나는 이 섬을 떠난다

세상에 쉬운 것은 없다
섬을 떠나도
쉬운 것은 여전히 없다

그곳에서도
공부도
사랑도
어렵다

그렇다면 나는
나를 들여다보고
주변을 들여다보고
박 터지게 싸우고
박 터지게 집중한다

그래도 어렵다

부모님은
화가 많다

내가 더 많다

괜찮다
나는 사랑하지 않는 사람에게
화를 내본 적이 없었다

감사할 일이라는 것을
최근에야 알았다

세상에는
사랑하지 않는 사람에게

화를 낼 일이 많다

우리 부모님은
많이 화가 나셨을 것 같다
사랑하는 사람도 많고
사랑하지 않는 사람도 많기 때문에

그래서 나도 화가 느는 것 같다

화가 늘수록
부모님과 가까워진다
내가 아직 지치지 않으면
괜찮다

어른이 되는 것은
독립이라고 생각했다

어른이 되는 것은
전체를 보는 일이다

학교든 기관이든 국가든
리더의 책임을 맡은 사람은

개인이 아닌
전체를 본다

지금의 내 머릿속 어른은
그런 것 같다

아직은 아니지만
언젠가 어른이 된다면

그 다음 어른에 대해서도
생각해볼 것 같다

어른인 척 흉내를 내는 것이
때로는 더 아이 같고 유치하다

사람은 변한다
누가 들을 말인지 고민하라 하시던
아버지는
남들 얘기를 너무 신경 쓰지 말라고 하신다

나도 변하고
세상도 변하고

다 변하는데

변하는 게 싫다

그런 사람이
남들 눈에는
변화하는 삶을 산다는 게
어리석다

웃음은 좋지만
비웃음은 싫다
왜 나는 함께 웃지 못해
비웃음이 된 것인가

누구나 그렇다는 말은
상식적이지 못하다

나에게 가장 상식적인 말은
누구나 그렇다는 말이었다

상식은 그렇게
때로는 말도 안 된다

그래서 나는
나의 상식을 강요하기 싫었다

그래서 나는
남의 상식에도 엄격해져 갔다

사람들은
엄격한 게 싫다
내가
강요가 싫은 것처럼

문틈 속의 나의 언어, 욕지거리는
온통 그런 것들이다

어느 언어로 서술해도
본질은 그런 것들이다

이미 열려버린 문을
닫을 재간이 없어

옆집 문을
많이도 두드렸다

그래서 남의 집 문틈도
함께 벌어진 것 같다

그래서 나는 후회가 없다
후회를 할 수가 없다

달고 사는 비웃음은
생각보다
후회의 영향을 받지 않는다

후회의 영향은
내 자신에게 달려 있다
오늘이 있어야
다음이 있다

후회가 없어야
또 할 수 있다

더불어 사는 세상에
여기 나 혼자 우뚝 서 있다

내가 간직한 하트를

문밖으로 새어 보냈어도

내일 또
간직할 하트를
만들 수 있다

문을 잘 닫고
하트가 다시 생기고
힘이 생길 때까지

후회는 없다

하트가 넘쳐흘러
문을 열어도 좋을 때쯤에는
후회할 수 있을 것 같다

괴로운 지금
어디서부터
어디까지
망가져 있는지 모르겠다

다음이 없을 것 같을 때

펑펑 운다

다음이 있을 것 같을 때
웃음을 띤다

그렇게 나는 휘청휘청
망가져 있다

문을 강하게
꽁꽁
닫아 두고 싶다

그래서 나는
고향으로 간다

그곳도 같은 세상이지만
같은 전체를 바라보고
나는 똑같이 이상한 사람이지만

나의 모국어가 있는 곳이다
좀 더 큰 목소리로
따지고 싶다

화내고 싶다
전체 안의 개인이고 싶다

인간의 욕심은 끝이 없다
화내는 자가
전체 안의 개인이 될 수 있을까?

나는 이제 사회에서
어른에 가까운 편에 서는 때에
점점 더 가까워진다
전체에 가까워야 할 때가 내가
아직도 개인이어서 되는 것인가

전체를 설득하려면
전체 중의 하나가 되려면
목소리가 커야 한다

그래서 나는
모국어를 그리워한다

외국어를 사랑한 내가
모국어를 그리워한다니

참 이기적이다

그래서 사랑은 어렵다

단어는 머릿속에 떠다닌다
연결 짓다 보면 한도 끝도 없고
정답과 오답이
들쭉날쭉 오고 간다

소통이 없을 때는
늘상 그러하다

나의 연결과 너의 연결이
통할 때가 있다
그럴 때 정답이 더 많고
소통이 된다고 느껴진다

그래서 내가 항상
오답이 많았던 것 같다

때로 준비되지 않은
나의 오답은

남의 정답도
흐트러뜨린다

같은 오답 속에서
불통의 대화가 길어진다

내가 정답을 찾을 때
이미 오답이 자리를 차지했다
그때의 소통은 어렵다

그래서 늘상
조심스럽고 신중하다

이렇게 나의 대문은
조금만 열려 있다

활짝 열어진 지금은
죄다 엉망진창이다

모두가 오답을
정답이라고 우기고 있다

문을 다시 걸어 잠가야
혼란이 줄어든다

분명 나 말고 누군가도
정답을 찾고 있다

같을 때도 다를 때도 있지만

빗장은 아직까지도 열려 있다

닫아 놓지 않으면
더 큰 오답이 될 것만 같다

나는
미운 사람이 없다
문을 얼른 닫고 싶다
그게 나의 정답인데
문을 열어본 사람들에게는
정답이 아니다

그들의 정답은
어째서인지 내 문 안에 있다

그래서 이 모든 게 복잡하다

문을 열어 놓은 채 헤집어 놓는 정답은
나에게 가장 치명적이다
그들의 정답은 위험했다

나는 그들의 문을
두드려 볼 수 없을 정도로

새어가는 내 문 안의 것들을
숨겨 놓기 바쁘다

어디에 뭐가 있는지
옆집에 누가 있는지
알 겨를이 없다

이미 내 안은 혼란으로 가득하다

서로의 문이 잘 닫혀 있을 때
조심스럽게 두드려 볼 수 있을 것 같다

그러다가 보면

창문도 하나 지을 수 있을 것 같다

그렇게 인간은 복잡한 듯 단순하다

창문 없는 집이 유독
열어보고 싶다

하지만 닫아 두어야
금방 창문이 생긴다

그저 두드려 봐주면
언젠가는
나의 창문의 개수가
너의 창문 개수보다
많아질 거라는 믿음이 있다

열린 문을
혼자 닫으려면
힘이 벅차
아무 문이나 두드리면
문이 더 벌어질까봐

고민만 하다
시간이 흘러버렸다

속은 것은
나의 문이
얼마나 튼튼한지
내 스스로 모른 것이다

힘이 부쳐도
누구라도 붙잡고 세게 닫았어야 했다
후회가 있는 것 보니
이제 괜찮은 것 같다
이제는 고향으로 가고 싶다

작가소개

성장과정

작가는 아직 성장과정 중에 있는 성인입니다. 흥미롭게도 20살이 넘어서 키가 크고 가치관이 성장한다는 말 들어보셨나요? 그럼에도 불구하고 처음부터 되짚어 보자면, 서울 마포에서 태어나 교회 어린이집을 다니던 기억으로 시작합니다. 가족 중에 종교인이 많지는 않지만, 교회나 절에서 좋은 추억을 많이 갖던 어린 시절이었습니다. 다만, 식전 기도가 어색하던 어린이였던 것만큼은 조용히 내 안의 비밀로 간직하던 때였습니다. 부모님의 맞벌이 영향으로 방과 후 특기적성을 여러 가지 들었었습니다. 여느 다른 아이들같이 악기와 운동, 미술을 열심히 배우던 초등생과 토론을 좋아하던 중2병 여중생 모두 저의 성장배경입니다. 그림이나 글짓기를 좋아하고, 친구 좋아하던 독특한 여중생은 어머니와 학교의 영향으로 미술사에 관심을 갖게 되고, TV 속 애니메이션을 통해 셜록 홈즈 같은 고전문학에 코피를 쏟게 됩니다. 한국사와 세계사를 배우기도 전에 미술사와 문학이 인간의 역사와 얼마나 맞닿아 있는지 배울 수 있었던 것 같습니다. 독자 여러분도 그런 기억이 있을까요? 미술과 종교가 역사와 어떻게 나란히 또는 평행하며 흘러가는지 독서를 하며 이해해 보는 중2병 여러분들이 되길 기도해보며 저의 성장배경을 설명하고자 하였습니다.

학창시절

학창시절의 작가는 모두가 모여 있는 학교를 좋아했었습니다. 공부도 함께하고, 식사도 함께하고, 방과 후에는 학원도 같이 가는 그런 친구 좋아하는 학생이었습니다. 덕분에 학급 반장도 매년 도맡아 하고, 다른 부 활동에 인원이 부족할 때 품앗이도 하는 사교적인 학생으로 기억합니다. 상위권 성적을 유지하였지만, 성적보다는 반 활동에 더 에너지를 보이는 씩씩한 학생이라 교무실의 선생님들과도 존경의 마음으로 친근하게 지낼 수 있었습니다. 그렇지만 학창시절이 고등학교에서 끝나지는 않습니다. 작가는 고등학교를 한국에서 졸업 후 미국에서 대학 교육을 받기로 합니다. 그곳에서의 학창시절은 작가도 쉽지 않았습니다. 작가가 첫 미국 학교 생활에서 배운 것은 '뉘앙스'였습니다. 영어는 배울수록 뉘앙스가 느껴집니다. 같은 말을 들어도 첫 1학년 1학기 때와 2학기 때 느끼는 것은 천지 차이였습니다. 즐거운 날도 물론 많았지만 고독한 날도 꽤 되었습니다. 방학 때 돌아온 고향에서는 공감대가 이미 너무 많이 달라져 버린 친구들과 잘 지내보기란 쉽지 않은 일이었습니다. 그렇게 외향적이고 사교적인 학생이 점점 더 내향적이어지는 계기가 아니었을까 싶습니다. 독특한 경험으로는 미국에서 좋은 일본인 친구들을 만나 일본어가 유창해진 것이라는 점인데, 그 친구들과는 아직도 좋은 추억으로 연락하고 지낸답니다.

가치관

고등학교 시절, 콤플렉스 덩어리이던 중2병을 막 넘어가던 작가는 미국과 영국에서의 학업과 한국 고향 친구들과의 뜻깊은 여행들로 치유를 받습니다. 그렇게 얻은 가치관으로는 "세상에 해보지 않은 일은 쉽게 장담할 수 없다"는 것과 "인간을 사랑하는 마음"입니다. 노는 것도 공부하는 것도 모두 경험이었습니다. 사람에게서 얻은 상처는 사람으로 치유하라는 모두가 한 번쯤 들어본 그 말은 어쩌면 함축적인 것일지도 모른다는 생각을 합니다. 미국에서 화학을 전공하고 영국에서의 공부로 의대생이 될 수 있었던 작가에게 확률은 도박 같은 것입니다. 90 대 10보다 50 대 50 확률이 더 합리적인 것일지도 모른다는 생각이 들 정도로 리스크가 큰일이었습니다. 내가 그 10에 속할 수도, 90에 속할 수도 있기 때문 아니었을까요? 확률을 무서워하지 않고 살아가려면 인간을 사랑하는 마음도 작가에게는 중요하였습니다. 작가가 의대생이 된 이유는 스스로가 그런 확률의 도박에 따라 운이 좋았다고 생각하기 때문입니다. 의사가 되어 운이 따르지 않는 순간의 누군가를 위해 옆이든 뒤에서든 함께 있어 주고 싶다고 간절해진 유학생의 배부른 소리를 진심으로 들어주신다면 감사하겠습니다.

경력

작가는 분당에서 초중고를 졸업하여 20살에 미국 캘리포니아의 컬리지를 다닙니다. 컬리지를 다니는 동안에는 화학을 전공하였지만 영어, 교양, 전공 수업을 함께 받으며 편입 준비를 하였는데 중간에 휴학을 하였습니다. 미국의 한 고등학교에서 교포 어린이들을 위한 한글 봉사활동도 함께하였습니다. 이후 영국으로 진학하여 의대생과 공대생을 위한 파운데이션 프로그램을 듣고 의사로서 가져야 할 덕목에 대해 배운 뒤, 캐리비안 국제 의대로 진학을 합니다. 메디컬 스쿨에서 본과 1학년 1학기를 마치고 한국으로 돌아온 뒤 한국 고등학교 시절 17살의 시를 회고하며 29살의 산문을 남깁니다.

끝과 끝을 연결하였지만, 젊음의 시작을 알리는 책이 되길 바라는 마음으로…

작가의 세 가지 당부!

작가로서…

If you want an idea
It is really important who is actually the speaker.

When I say the same thing,
Whoever the listener is,
It truly matters that "I" am the speaker.

Because
My Background matters
When I say.

Let's say I am a Black woman
And I say the color.

Is it the same
When my race is not Black?

When we think about the racism.

Your point of view as a White

Your point of view as a Black

And my point of view as a Yellow.

Do we have the same influence?

If you want my idea,

You have to explain my background

Not someone else's

Then you can finally get my idea.

유학생으로서…

I never just dreamed about it

I actually stepped on.

I took the flights as many flights I could

So I stepped on.

Where am I?

As a forever Medical Student, to my old friend..

Did you want to become a medical student
Or a doctor?

Why would you hurt me by saying
that you should have studied medicine like me
While I was struggling with my medicine?

Were you ever my friend
Or Did you hate me
because I was a medical school student,
not a doctor.

It takes time and lots of efforts
to become a doctor or become
a whatever you want.

Why would you not respect me
while I respected whatever you were.

I love all of your language

And you don't want me to study medicine.

I speak three languages
because I love the people
who spoke their mother language

I've met their mother,
their culture and their friends.

That's why my language got better

Why would you not like me
by loving your language?

Germany was your second home.
Maybe Greece was your third home.
I made my second and third or fourth home.

Why would you hate me
when we were seeing the things in the same way?

When I become a doctor,

Would you respect me as a forever student!

Learning and learning

Thinking and thinking

Then my writings show my struggles.

Why couldn't you love me

When I love you

My gender and your gender matches

Why would you hate my gender

for loving your part of thoughts

as a different kind of gender?

P.S Love & small letter peace